Roger Swanzy

LOS ESPEJOS DE LO IDEAL
(THE MIRRORS OF THE IDEAL)

Prólogo de Javier Recas

Apeadero de Aforistas

1ª ed., julio de 2024

Thema: Prosa de no ficción

Diseño de portada: José Luis Trullo

Una iniciativa de Apeadero de Aforistas
www.apeaderodeaforistas.es

Edita: Cypress Cultura
www.cypress.com.es

ISBN: 978-84-128625-6-0
Depósito legal: SE 1548-2024

IMPRESO EN LA UNIÓN EUROPEA

UNA TERAPIA ANTE EL ESPEJO

Borges había sentido "el horror de los espejos", por su desconcertante despliegue multiplicador, por su impenetrable frialdad, pero, sobre todo, porque estos gabinetes cristalinos nos recuerdan, encomienda divina, que somos reflejo y vanidad. Los espejos fueron para él, con su turbadora presencia, un recurso poético primordial en su obra. La aforística de Roger Swanzy sigue la estela de la metáfora borgiana del reflejo especular, en torno a éste ha compuesto la obra que el lector tiene hoy entre sus manos. Pero, a diferencia de Borges, nuestro autor no recela de los espejos, diría que, al contrario, descubre en ellos una terapia indagadora, un estímulo para ahondar en lo más profundo de uno mismo: nuestros anhelos y temores. Su desconcertante efecto duplicador nos sitúa frente al enigma de la identidad. "En el espejo –escribe– los ojos no mienten", pero no nos dicen todo, parece como si se reservaran parte de la verdad. Esta reserva se filtra en varios aforismos: "El espejo es el silencio impenetrable del rostro", "Nuestro rostro es un espejismo que ningún espejo es capaz de reflejar completamente".

El efecto multiplicador de los espejos también nos abre la puerta al cuestionamiento de la auténtica realidad. Emerge con él un juego de apariencias y la escisión de lo real. Sin darnos cuenta, ante el espejo, dice Swanzy, siempre "buscamos la otra cara de la realidad". Como si de un estímulo metafísico se tratara, "El espejo –nos dice– invita a la reflexión filosófica sobre el mundo de las apariencias". La cuestión que siempre late ante los espejos la formula nuestro autor en un aforismo abierto, indagador: "¿Revela el espejo la transparencia de la realidad o de la apariencia?".

Los espejos no sólo se alimentan de rostros tangibles, reflejan también la sutil sustancia de la imaginación, donde nuestras angustias e ideales se muestran sin filtro. Swanzy pone el foco de su obra en esos seres tan etéreos como poderosos que pueblan lo ideal. Lo ideal es un espejo, escribe, "que nos permite ver más allá del reflejo", destellos etéreos que anticipan otros mundos y otros yoes. Vislumbres a los que la razón no llega porque despliega su poder a espaldas de ella: "El ideal tiene la virtud de revelar lo que no somos capaces de ver y lo hace visible."

Muchas veces los ideales se funden y confunden con los sueños porque están hechos de la misma materia: la imaginación. Durante siglos el hombre ha soñado con volar, forjamos la utopía de un hombre-pájaro, pero nos pusimos manos a la obra para hacer de ese ideal un nuevo espejo donde inventar el futuro anhelado. Y lo logramos. El idealismo tiene para Swanzy ese poder, más allá, piensa él, que un simple sueño: el idealismo es una fuerza utópica de esperanza. Él caracteriza a la esperanza como "una esencia de amor", el motor que trabaja incesantemente para hacer que nuestros sueños se realicen. Para ello, es necesario quebrar las certidumbres, porque con ellas no se avanza, debemos hacer de las dudas y anhelos un arte de pensar, sólo así podremos alcanzar la encarnación de una idea. Su concepción del aforismo tiene mucho que ver con esta "productividad de la duda": "Un aforismo es una lectura que quiere dudar de sí misma.", "Los aforismos son de fogueo, matar una certeza no se oye".

Si nos miramos en los espejos de lo ideal es porque somos seres incompletos, seres anhelantes. "Por naturaleza, nacemos incompletos. Vivir es el reto de alcanzar la plenitud". Escribir aforismos es para Swanzy una forma de enfrentarse a este reto, pero también un ejercicio profundamente placentero. Que el aforismo no lo muestre todo, que nos invite a responder o prolongarlo, es una forma de seducción. El autor no lo entiende de otro modo: "El aforismo es la forma que la filosofía adopta para seducirnos".

Roger Swanzy nació en Denton,Texas, pero vive en España desde mayo de 1990, país al que ama y conoce bien, siempre con esa actitud indagadora, irónica y apasionada que le caracteriza. Nuestro autor despliega entusiasmo en cada uno de sus aforismos, lejos, muy lejos, de cualquier cálculo, métrica o método.

Sus aforismos atesoran el impulso poético y metafísico, sus dos grandes fuentes, siguiendo aquella aspiración de María Zambrano, (a la que tanto admira, por cierto), de unir reflexión y belleza: "No podemos resistir el tiempo, únicamente fluir dentro de él", "Contemplando las constelaciones, escribimos nuestros deseos en la piel de las estrellas".

Ya desde su juventud universitaria en Estados Unidos, ambos géneros estaban entre sus lecturas de cabecera: los aforismos de Benjamin Franklin, los ensayos de Ralph Waldo Emerson y la prosa brillante de Mark Twain. Ensayos de Octavio Paz como *El laberinto de la soledad* o *El arco y la lira*, le resultaron iluminadores y una fuente de exploración poética. Confiesa haber recibido influencias de Simone Weil, Hannah Arendt, Gómez de la Serna, Juan Ramón Jiménez, José Bergamín, Pablo Neruda, Luis Rosales, Antonio Porchia o Edmond Jabès, por mencionar tan sólo a los clásicos. A ellos habría que añadir un nombre actual, el de Wendell Berry, uno de sus poetas norteamericanos favoritos, cuya obra tiene una gran carga aforística.

Roger Swanzy pertenece a esa estirpe de aforistas que todo lo anotan, aforistas de cuaderno en mano, de cuyos cientos de apuntes surgen por destilación gotas de su lúcida mirada. Cuando empezó, allá por 1982, anotaba en ellos las frases más sugerentes de sus muchas lecturas, para, poco a poco, casi imperceptiblemente, ir abriéndose paso su propia voz. Sus aforismos habían ido apareciendo en diversas antologías del género hasta que en 2018 publicó *La gota infinita del deseo* (Amargord), obra en la que desplegó sus reflexiones breves en torno a un tema central en su obra, del que luego hablaremos: el amor, el deseo y la belleza a ellos unida. Más recientemente, junto a Mª Teresa Espasa ha publicado *La caída de la luz* (Araña Editorial, 2022), una obra a cuatro manos mixtura de poesía y aforismo.

Hoy tienen en sus manos su nueva entrega en edición bilingüe: *Los espejos de lo ideal*. Sus reflexiones tratan sobre el anhelo humano, visto como esa urgencia de un ideal al que no se llega pero que está constantemente presente. No abandona con ello el foco del amor y el deseo pues al fin y al cabo ambos no son más que formas de anhelo. Los anhelos son a veces serenos, cuando indagan en la naturaleza escondida de los reflejos visibles, una vía de acceso a lo más íntimo de la realidad. Anhelos metafísicos, al fin y al cabo: "El anhelo es la mano invisible que nos permite acariciar lo más íntimo de la realidad". Pero otras veces son anhelos encrespados, pasionales: "¿Que es la pasión sino el anhelo de lo infinito?", un deseo que nos transforma y trastoca, una pulsión de completitud: "La intensidad del deseo es el anhelo de su continuación".

No encontrarán entre estas páginas las clásicas sentencias aleccionadoras, no está en la intención de nuestro autor ni en su estilo ofrecer aseveraciones categóricas o pautas de conducta. Su aforística está en sintonía con la actual tendencia subjetivista y poética, portadora de atisbos, asombros, personalísimas anotaciones, preguntas e incluso dudas: "¿La luz entra en el espejo para esconderse o revelarse?". Incluso la forma aforística de la definición la convierte en un simulacro de robustez, en un anzuelo a la espera de una respuesta. Lo cual no impide que nuestro autor persiga sin altivez alguna esa "elusiva y furtiva pepita de oro", para decirlo con Mark Twain, de la palabra perfecta y la verdad iluminadora. Una búsqueda que Roger Swanzy persigue con la cabal consciencia de un ideal inalcanzable, como una "utopía de belleza siempre más allá de nuestro alcance, un lugar donde solo los sueños pueden ir". Quizás sea por ello que modestamente se define como "un precario dueño de gotas" filosófico-poéticas, tan sólo como un empedernido lector de aforismos, siempre con la perenne ingenuidad de la mirada entusiasta. "Un libro de aforismos –afirma– es una cuerda floja de complicidad y complejidad en un laberinto de asombro y perplejidad."

En *Los espejos de lo Ideal* hay expresamente reflexiones sobre el aforismo, estupendos aforismos autorreferenciales, que dan testimonio de su fervor por esa "miel entre un enjambre de frases", para decirlo con las palabras del autor. "No hay nada más redondo que un aforismo peliagudo", excelente paradoja que define muy bien el carácter del género: espinoso y atinado a la vez, porque su redondez huye de la facilidad complaciente para invocar hondura. Una hondura que se agranda, que quiere perdurar, porque "Un aforismo siempre pretende ocupar toda la página".

Hay en los aforismos de Roger Swanzy una decidida reivindicación del cuerpo, más allá de su pura materialidad, sin negarla, como hay, paralelamente, una apreciación del espíritu alejada de toda escisión desnaturalizada (tan frecuente, por otra parte, en nuestra tradición). Hay mucho en él del epicureísmo auténtico, alejado de los clichés que se han forjado en su entorno. En su aforística late una filosofía del goce sensorial, de la seducción ("La seducción es una mirada que produce el vértigo de la lucidez antes de abrazar la locura"), del erotismo y del placer. "El erotismo –escribe– es la celebración de los sentidos, el gozo de la carne cuando se hace verbo". También a la inversa, el espíritu se transforma en eros: "La espiritualidad, como un erotismo feroz, es el fuego que no podemos apagar en nuestro interior". Todo lo cual no escamotea la percepción del cuerpo como testigo de la implacable dictadura del tiempo: "Arrugas, los inviernos permanentes que se meten en nuestra piel".

Pero esta glorificación de lo fenoménico y terrenal en tanto camina siempre junto a la sutileza de un espíritu, refina cuanto percibe, siente y reflexiona. "Más allá de la atracción física, la sexualidad busca establecer una conversación capaz de seducir a la mente". El erotismo no es sino "una idea en la piel" que se cosecha con caricias, una "idea promiscua" y seductora que alimenta la imaginación. Es por esta simbiosis cuerpo-mente que Roger define así la pasión de escribir: "La raíz de la escritura es palpar, sentir con los cinco sentidos".

El espíritu, de nuevo como para el gran filósofo de Samos, se eleva con la amistad. En ella se halla, también para Roger Swanzy, una de las primordiales fuentes del placer: "Celebro las realidades que solo existen cuando los amigos se juntan". Percibe la amistad como una chispa mágica que renueva su calor cada vez que hay cercanía, como un "rescoldo de utopía". La conversación juega un papel primordial, que él ve como la "patria de la amistad, el lugar sagrado donde el alma y la palabra se abrazan".

Si hay un anhelo fundamental en el hombre, complejo y sutil, pues bebe de la serenidad y la pasión, es el amor. Es este un tema especialmente relevante entre los aforismos de Roger Swanzy. "Enamorarse es un anhelo profundo de salvación", escribe. Y en otro aforismo aclara el sentido de este anhelo: "El anhelo es la urgencia de sentir nuestro corazón latir dentro de otro corazón ausente". Tras esta idea suya del amor como anhelo, hallamos resonancias platónicas (pese a su defensa de lo sensible), en tanto búsqueda incesante que nunca queda satisfecha por completo y quiere perpetuarse eternamente: "El deseo del amor es nunca dejar de amar". Enamorarse es una trasmutación, un "despertar en el otro lado del espejo", una esperanza de realización.

Invocando esta esperanza, ojalá estos aforismos que siguen alcancen la alquimia necesaria para descubrir, como dice Roger, un "alma compartida entre lector y autor".

Javier Recas

11

*"LA PALABRA DEL ALMA ES LA MEMORIA;
la memoria del alma es la esperanza."*

*("MEMORY IS THE WORD OF THE SOUL;
the soul's memory is hope.")*

Luis Rosales

Nada cambia sin un despertar. (Nothing changes without an awakening.)

Epifanía, cuando un destello de lo eterno anuncia la irrupción de una idea. (Epiphany, when a glimpse of the eternal announces the irruption of an idea.)

Un ideal es un espejo que nos permite ver más allá del reflejo. (An ideal is a mirror which allows us to see beyond the reflection.)

El aforismo es la forma que la filosofía adopta para seducirnos. (The aphorism is the form which philosophy adopts to seduce us.)

Los ideales entran inevitablemente en conflicto con la realidad. (Ideals inevitably enter into conflict with reality.)

Cuando menos te lo esperas, asoma un impostor por el espejo. (When you least expect, an imposter shows up in the mirror.)

El agua es el prisionero de su propia sed. (Water is the prisoner of its own thirst.)

Los ideales se niegan a aceptar la realidad tal como es porque insisten en que las cosas pueden y deben ser mejores de lo que son. (Ideals refuse to accept reality as it is because they insist that things can and should be better than they are.)

No hay nada más redondo que un aforismo peliagudo. (There is nothing rounder than a sharp-edged aphorism).

El anhelo es la mano invisible que nos permite acariciar lo más íntimo de la realidad. (Longing is the invisible hand that allows us to caress the most intimate part of reality.)

Celebro las realidades que solo existen cuando los amigos se juntan. (I celebrate the realities which only exist when friends get together.)

Haz lo que amas; la vida es demasiada corta para hacer otra cosa. (Do what you love; life is too short to do anything else.)

La seducción es una idea promiscua que busca una imaginación fértil. (Seduction is a promiscuous idea which seeks a fertile imagination.)

El valor de un romance no está en el tiempo que dura, sino en la intensidad con que sucede. (The value of a romance is not the time that it lasts but in the intensity with which it happens.)

El espejo es un descubrimiento para perpetuar lo transitorio. (A mirror is a discovery to perpetuate what is transitory.)

Abrir un libro de aforismos es buscar la miel entre un enjambre de frases. (Opening a book of aphorisms is looking for honey in a swarm of phrases.)

Sin memoria, el espejo siempre acaricia el rostro por primera vez. (Without memory, the mirror always caresses the face for the first time.)

En el corazón, la distancia pesa más que el olvido. (In the heart, distance weighs more than forgetting.)

Las lágrimas son el recuerdo de nuestra agua del origen. (Tears are the memory of our water of origin.)

Más que un simple juguete, la marioneta es una paradoja de la libertad humana. (More than just a simple toy, the puppet is a paradox of human freedom.)

En el espejo, los ojos no mienten. (In the mirror, eyes do not lie.)

Con solo una mirada, todo puede cambiar. (With just one look, everything can change.)

Triste es cuando el humo funciona como un espejo del futuro. (It is sad when smoke functions like a mirror of the future).

Esperar demasiado de alguien es una fuente segura de sufrimiento. (Expecting too much of someone is a sure source of suffering.)

Hay ojos que nos comprenden sin saber nada. (There are eyes that understand us without knowing anything.)

Los sueños más bellos de amor son los que se cumplen. (The most beautiful dreams of love are those which come true.)

La conversación es la patria de la amistad, el lugar sagrado donde el alma y la palabra se abrazan. (Conversation is the country of friendship, the sacred place where the soul and the word embrace.)

La tarea de un padre es educar la mirada de su niño para que pueda contemplar el mundo con sus propios ojos. (The father's task is to educate his child's gaze so that he may contemplate the world with his own eyes.)

¿Bañada en una luz que no es suya, la luna es el espejo de nuestros sueños? (Bathed in a light that is not its own, is the moon the mirror of our dreams?)

El amor inventa una escuela para cada ser amado. (Love invents a school for each loved one.)

Prueba de un buen aforismo: las palabras se desvanecen en su propio perfume. (Proof of a good aphorism: the words vanish in their own perfume.)

El espejo no revela el mundo como es sino como debe ser. (The mirror does not reveal the world as it is but as how it should be.)

Nos convertimos en prisioneros de los amores que no somos capaces de vivir. (We become prisoners of the dreams which we fail to live.)

En el mar de las letras, el escritor de aforismos es un precario dueño de gotas. (In the sea of letters, the writer of aphorisms is the precarious owner of droplets.)

Malas noticias: vislumbrar la herida en la mirada antes de escuchar las palabras presentidas. (Bad news: to glimpse the wound in the eyes just before hearing the foreboding words.)

La escritura es la sombra de la vida donde buscamos la luz de vivir. (Writing is the shadow of life where we search for the light to live.)

En la oscuridad, el espejo envejece, se olvida de los momentos de luz. (In the darkness, the mirror grows old, it forgets the moments of light.)

Más allá de cuestiones de fe, una catedral es la arquitectura de presencia. (Beyond questions of faith, a cathedral is the architecture of presence.)

El columpio tiene alma de viento y vértigo. (The swing has a soul of wind and vertigo.)

Las canciones más amadas son el espejo de nuestros anhelos. (The most beloved songs are mirrors of our longings.)

Escribir es acariciar un sueño mientras se desliza entre las manos. (To write is to caress a dream as it slips between the fingers.)

Los aforismos son de fogueo, el que mata una certeza no se oye. (Aphorisms shoot blanks; you do not hear the one that kills a certainty.)

El silencio es nuestra primera y última piel. (Silence is our first and last skin.)

Amar, la liturgia de latir en otro corazón. (Loving, the liturgy of beating inside another heart.)

Primero, viajamos en los países, después los países viajan en nosotros. (First, we travel in countries, afterwards, countries travel in us.)

Piel sobre piel, el reto de los amantes es convertirse en un espejo. (Skin on skin, the goal of lovers is to become a mirror).

Amar nunca es un error, a veces solo faltan el tiempo y el lugar. (Loving is never an error, sometimes, only a time and a place are missing.)

La virtud de la noche es retornar todo a la sombra. (The night's virtue is to return everything to the shadow.)

Un libro es una voz dormida hasta que llega la mirada que la despierta. (A book is a sleeping voice until the gaze arrives to awaken it.)

El vértigo de un buen libro casi impresiona más que el primer beso. Casi... (The vertigo of a good book almost makes a deeper impression than the first kiss. Almost...)

En la percepción secreta del espejo, buscamos la otra cara de la realidad. (In the secret perception of the mirror, we search for the other side of reality.)

Es necesario regar lo que deseas cultivar en el mundo. (It is necessary to water what you wish to grow in the world.)

Un aforismo siempre pretende ocupar toda la página. (An aphorism always intends to occupy the entire page.)

Escondido en el regalo es el deseo de dar un mismo. (Hidden in the gift is the desire to give oneself.)

El reloj de arena esconde una isla desierta a plena vista. (An hour glass conceals a deserted island in plain view.)

Tenemos una deuda inmensa con las madres, la promesa de amor que renueve el mundo, raíz eterna de la primavera que late en todas las temporadas. (We have a huge debt to mothers, the promise of love which renews the world, eternal root of spring which beats in all seasons).

Las madres y las abuelas nos enseñan que hay más que una casa dentro de las casas; los rincones misteriosos que se convierten en recuerdos imborrables. (Mothers and grandmothers teach us that there is more than one house inside houses; the mysterious corners that become indelible memories.)

El erotismo es la celebración de los sentidos, el gozo de la carne cuando se hace verbo. (Eroticism is the celebration of the senses, the pleasure of the flesh when it becomes a verb.)

Con su maridaje de luz y sombras, el espejo dibuja el deseo. (With its blend of light and shadow, the mirror sketches desire.)

La inspiración es el deseo de besar las palabras. Un estado de gracia es cuando las palabras te devuelven el beso. (Inspiration is the desire to kiss words. A state of grace is when the words return the kiss.)

La sed es la herida eterna del agua. (Thirst is the eternal wound of water.)

Tarde o temprano, la foto se revela una presencia que llegará a ser una ausencia. (Sooner or later, the photo reveals a presence which will become an absence.)

La escultura es el intento más bello de separar la piedra de su silencio. (Sculpture is the most beautiful attempt to separate the stone from its silence.)

En los ojos de los niños, vislumbramos los colores del universo. (In the eyes of children, we glimpse the colors of the universe.)

El lujo de un cuaderno: el futuro es una página en blanco. (The luxury of a notebook: the future is a blank page.)

El espejo es un espacio perpetuo donde recrear nuestros rostros. (The mirror is a perpetual place to recreate our faces.)

En el agua del olvido, la infancia y la vejez se cambian de lugar. (In the water of forgetting, childhood and old age change places.)

El poeta se enamora de las palabras para así poder enamorarse de otras cosas. (The poet falls in love with words so that he can fall in love with other things.)

El tiempo puede revelar una mentira, pero hace falta hambre de verdad. (Time can reveal a lie, but this requires a hunger for the truth.)

La amistad es una conversación que continua a pesar de las interrupciones del tiempo y espacio. (Friendship is a conversation which continues in spite of interruptions of time and space.)

Un buen libro es el alma compartida del lector y el autor. (A good book is the shared soul of the reader and author.)

A la hora de abandonar el nido, el pájaro sabe que su vuelo es hacia otro nido. (When leaving the nest, the bird knows that its flight is towards another nest.)

Cuando se para un reloj, ocurre un eclipse invisible del tiempo. (When a clock stops, there is an invisible eclipse of time.)

A veces hace falta un espejo para percibir el amor, el reflejo de la luz interior. (Sometimes a mirror is needed to perceive love, the reflection of an inner light.)

El arte de la lectura es volver a escribir el libro en nuestras mentes. (The art of reading means writing the book again in our minds.)

Abrir tu corazón siempre tiene una consecuencia: te hace mejor persona. (Opening your heart always has a consequence: it makes you a better person.)

El deseo secreto del aforismo: ser la arena de su propio reloj. (The secret desire of the aphorism: be the sand of its own hourglass.

Amar es oír la luz que canta en otros ojos. (To love is to hear the light which sings in other eyes.)

Emoción es sentir la eternidad completándose; en el giro del tiempo, vivir es anticipar el momento deseado. (Emotion is to feel eternity completing itself; in the turning of time, to live is to anticipate the desired moment.)

Admiro el don de los niños de mirar el mundo con los ojos abiertos. (I admire the children's gift to behold the world with open eyes.)

En la civilización de los móviles, el único rostro que tocamos es la pantalla. (In the civilization of mobile phones, the only face we touch is the screen.)

En el reflejo amoroso, el espejo transforma la luz en una llama creativa. (In a loving reflection, the mirror transforms the light into a creative flame.)

Los aforismos buscan crear libros infinitos. (Aphorisms seek to create infinite books.)

Un libro es un calendario sin fechas, el alba que puede abrir en nuestras manos en cualquier hora. (A book is a calendar without dates, the dawn which can open in our hands at any hour.)

Lejos de inaugurar nuevos mundos, Internet nos atrapa en el suyo. (Far from inaugurating new worlds, Internet traps us in its own world.)

En el espejo de los ojos, queremos reinventar el tiempo. (In the mirror of eyes, we wish to reinvent time.)

La seducción es la lectura perpetua del momento. (Seduction is the perpetual reading of the moment.)

La esperanza es una esencia de amor, la energía que trabaja sin descanso para realizarse. (Hope is an essence of love, the energy which tirelessly works to realize itself.)

La luz es la voz secreta que habla en el silencio. (Light is the secret voice which speaks in the silence.)

La poesía no nos salva de la duda, a pesar de nuestra fe en la palabra. (Poetry does not save us from doubt, despite our faith in the word.)

El horizonte es la página en blanco favorita del poeta. (The horizon is the poet's favorite blank page.)

Antes de tu mirada, era un espejo en la sombra esperando el regalo de la luz. (Before your gaze, I was a mirror in the shadow waiting for the gift of light.)

Un aforismo es una lectura que quiere dudar de sí misma. (An aphorism is a reading which wants to doubt itself.)

La musa es la alma gemela que une quien inspira y quien escribe. (The muse is the kindred soul who unites the one who inspires and the one who writes.)

La esperanza nos hace vivir por lo que aún no es. (Hope makes us live for what still does not exist).

En el mundo de los difuntos, hay ausencias que nos habitan como sombras y otras como luz. (In the world of the dead, there are absences which inhabit us like shadows and others like light.)

Como una simbiosis perfecta de luz y sombra, el espejo espera nuestra mirada. (Like the perfect symbiosis of light and shadow, the mirror awaits our gaze.)

El vicio es un deseo corrompido de gozar una vida mejor. (A vice is a corrupted desire to enjoy a better life.)

Ansiamos el don del retrovisor: ver a nuestros seres queridos más cerca de lo que están. (We crave the rear view mirror's gift: to see our loved ones closer than they are.)

En las ventanas del tren, contemplamos los paisajes de nuestro rostro. (In the train's windows, we contemplate the landscapes of our face.)

Un viaje es una vida inventada, el lujo de crear el futuro en cada paso. (A trip is an invented life, the luxury of inventing the future in every step.)

El espejo es un espacio donde casi vemos la luz en vuelo. (The mirror is a space where we can almost see the light in flight.)

Como un desierto, el odio insiste en secar todo lo que hay en su camino. (Like a desert, hate insists on drying out everything in its path.)

En el espejo siempre nos espera la luz del otro. (In the mirror, the light of someone else always awaits us.)

Jamás sabemos la medida en que pertenecemos a un lugar hasta que volvemos. (We never know how deeply we belong to a place until we return.)

Enamorarse: sin darse cuenta, despertar en el otro lado del espejo. (Fall in love: without realizing it, to awaken on the other side of the looking-glass.)

Contemplando las constelaciones, escribimos nuestros deseos en la piel de las estrellas. (Gazing at constellations, we write our desires on the skin of stars.)

Hay amores que producen mudanzas en el alma. (There are loves which cause changes of heart in the soul.)

No podemos resistir el tiempo, únicamente fluir dentro de él. (We cannot resist time, only flow within it.)

La vida nunca deja de ser una lucha; benditos son los momentos cuando podemos olvidarla. (Life never ceases to be a struggle; blessed are the moments when we can forget this.)

Nuestro rostro es un espejismo que ningún espejo es capaz de reflejar completamente. (Our face is a mirage which no mirror can completely reflect.)

Esperar es caer entre el sin vivir de quizás, el paraíso del sí y el infierno del no. (To wait is to fall among the agony of maybe, the heaven of yes and the hell of no.)

El espejo nos enseña leer el mundo al revés. (The mirror teaches us to read the world backwards.)

La arquitectura es la interacción de solidez y transparencia. (Architecture is an interplay of solidity and transparency.)

Un aforismo es un momento que quiere disfrutar a sí mismo. (An aphorism is a moment which wants to celebrate itself.)

Memoria, los momentos que el corazón atrapa en su ritmo perpetuo. (Memory, the moments which the heart captures in its perpetual heartbeat.)

El anhelo de pertenencia es una esencia de amor. (The longing to belong is an essence of love.)

El tiempo pasa, los momentos son los que nos cambian. (Time passes; the moments are what change us.)

La tristeza es un espejo de sal que se disuelve en nuestra mirada. (Sadness is a mirror of salt which dissolves in our gaze.)

Amar es sentir que la luz nos necesita. (To love is to feel that the light needs us.)

Nuestros seres queridos nos acarician en la forma de las canciones que nos hacen llorar. (Our loved ones caress us in the form of songs which make us weep.)

Los espejos son mirones introvertidos que contemplan las joyas sin codicia. (Mirrors are introverted voyeurs which contemplate jewels without greed.)

Escribir es esconder la voz; confiamos la palabra a la página con la esperanza que encuentre el aliento vital de otra voz. (To write is to hide the voice; we entrust the word to the page with the hope that it finds the vital breath of another voice.)

En el espejo, el silencio de nuestro rostro nos espera. (In the mirror, the silence of our face awaits us.)

El amor es tan importante en la vida, es la única luz que podemos dejar en los demás. La huella de una memoria cariñosa antes de marchar. (Love is so important in life; it is the only light we can leave in others. The trace of an affectionate memory before we must go.)

Crear es vivir imaginando. (To create is to live imagining.)

Memoria, una energía secreta y frágil que protege quizás la única esencia que tenemos. (Memory, a secret and fragile energy which protects perhaps the only essence we possess.)

La mirada ciega de la estatua revela la transparencia del tiempo. (The statue's blind gaze reveals the transparency of time.)

La inmediatez de una caricia nos devuelve a un estado virginal. (The immediacy of a caress returns us to a virginal state.)

Leer es el lujo de hablar con otras voces. (Reading is the luxury of speaking with other voices.)

Con su recuerdo del vuelo, la pluma reescribe el viento. (With its memory of flight, the feather rewrites the wind.)

La excitación es la impaciencia de la lujuria. (Excitement is the impatience of lust.)

Cuando menos lo esperamos, los espejos revelan nuestra cara más insólita. (When we least expect it, mirrors reveal our most unexpected face.)

Cada vez que alguien la escucha, la música abre caminos en el alma. (Everytime someone listens to it, music opens paths in the soul.)

Con cada latido, el corazón jamás deja de hablar con quien ama. (With every heartbeat, the heart never ceases to speak to those it loves.)

En el espejo, la luz habla en nuestra mirada. (In the mirror, the light speaks in our gaze.)

La ambición de un aforismo es expresar la profundidad de pensar en su superficie. (The ambition of an aphorism is to express the profundity of thinking in its surface.)

La espiritualidad, como un erotismo feroz, es el fuego que no podemos apagar en nuestro interior. (Spirituality, like a savage eroticism, is the fire that we cannot extinguish in our inner self.)

Enamorarse es un anhelo profundo de salvación. Hay que amar sin pedir nada a cambio. (Falling in love is a deep longing for salvation. You must love without asking for anything in return.)

Cuando consume cualquier ser vivo, el fuego es la agonía de luz. (When it consumes any living being, fire is the agony of light.)

Un aforismo es un anzuelo esperando el cebo de una idea. (An aphorism is a hook waiting for the bait of an idea.)

El reflejo es un susurro de espejo. (The reflection is the mirror's whisper.)

Educar es enseñar lo que debe ser amado. (To educate is to teach what should be loved.)

La ausencia es una intemporalidad insoportable. (Absence is an unbearable timelessness.)

En la unión romántica, existe un espacio paradójico donde hay un simultáneo exceso y falta del tiempo. (In a romantic union, there is a paradoxical space where there is a simultaneous excess and lack of time.)

En el caos de los temas, los lectores de aforismos exploran el misterio del orden. (In the chaos of topics, the readers of aphorisms explore the mystery of order.)

El espejo nos enseña que la textura de las superficies cambia con el punto de vista. (The mirror teaches us that the texture of surfaces changes with the perspective.)

Nuestra canción se vuelve latido en el corazón de los niños. (Our song becomes a heartbeat in the heart of children.)

La memoria es la emoción del tiempo. (Memory is the emotion of time.)

Solo la lluvia puede bautizar las calles con juventud. (Only the rain can baptize the streets with youth.)

Las ventanas son espejos espontáneos que revelan la transparencia de nuestro reflejo. (Windows are spontaneous mirrors which reveal the transparency of our reflection.)

El azogue acentúa la penumbra de la piel y los claroscuros de la sombra. (Quicksilver accentuates the half-light of skin and the *chiaroscuro* of shadow.)

Viajar es vivir el momento; el momento que suele perderse en la rutina. (To travel is to live the moment; the moment which is usually lost in the routine.)

Cada pérdida deja un silencio roto en nuestros nombres. (Every loss leaves a broken silence in our names.)

El deseo del amor es nunca dejar de amar. (The desire of love is to never stop loving.)

La amistad es un rescoldo de utopía cuyo calor rebrota en la cercanía. (Friendship is an ember of utopia, whose heat revives in closeness.)

Cada aforismo se encierre una búsqueda infinita de expresión. (Each aphorism encloses an infinite search for expression.)

En la superficie del lago, las nubes se convierten en palacios. (In the lake's surface, clouds become palaces.)

Los ojos enamorados tienen una luminosidad omnipresente que envuelve todo. (Enamored eyes have an omnipresent luminosity which embraces everything.)

El amor es una pregunta perpetua que no solamente desea comprender, sino sentir. (Love is a perpetual question which not only desires to understand but to feel.)

El espejo es un umbral de abstracción donde mundos paralelos nos contemplan. (The mirror is a threshold of abstraction where parallel worlds contemplate us.)

En el espejismo, vislumbramos el azogue de la sed. (In the mirage, we glimpse the quicksilver of thirst.)

El amor es la luz que se enciende dentro cada comienzo. (Love is the light which ignites inside every beginning.)

Un aforismo es un estado de ánimo del lenguaje que revela su obsesión. (An aphorism is a mood of language which reveals its obsession.)

Amar es el deseo de compartir la aurora, esperar la luz donde nace. (Love is the desire to share the dawn, waiting for the light where it is born.)

En el acto de la caricia, no somos conscientes de la escultura que tallamos en la memoria. (In the act of a caress, we are not aware of the sculpture which we carve in the memory.)

Las lágrimas son el espejo más frágil. (Tears are the most fragile mirror.)

Un aforismo es una invitación mítica a una charla sin fin. (An aphorism is a mythical invitation to an endless conversation.)

En el reflejo, los cuerpos y los objetos parecen estar en comunión total. (In the reflection, bodies and objects seem to be in complete communion.)

La mirada transmite su luz con la esperanza de que esa luz le sea devuelta. (The gaze transmits its light with the hope that this light will be returned to it.)

Soñar: el punto misterioso donde el agua pierde su transparencia para convertirse en espejo. (Dream: the mysterious point where water loses its transparency to become a mirror.)

El espejo invita a la reflexión filosófica sobre el mundo de las apariencias. (The mirror encourages philosophical reflection about the world of appearances.)

En la onda de su expansión, la tristeza es una luz que mide los días y las noches. (In the wave of its expansion, sadness is a light which measures the days and nights.)

Cuando el poema se encuentra la voz que le espera, lo ordinario se convierte en milagro. (When the poem finds the voice which awaits it, the ordinary becomes a miracle.)

A veces sucede que nuestras voces son el íntimo espejo de quienes somos. (Sometimes it happens that our voices are the intimate mirror of who we are.)

La fotografía capta el latido de ver. (The photo captures the heartbeat of seeing.)

Con el cambio de perspectiva, el espejo abre una fisura en el presente que torna todo bello. (With a change of perspective, the mirror opens a crack in the present which makes everything beautiful.)

Escuchar un ser querido es presenciar la luz que nace en las palabras. (Listening to a loved one is to witness the light which is born in words.)

Los libros nunca dejan de ser objetos metafísicos; voces que viajan en el tiempo para unirse a nuestra voz. (Books never cease to be metaphysical objects; voices that travel in time to join our voice.)

Leer es siempre ayer y ahora. (Reading is always yesterday and now.)

Los pensamientos más auténticos son los que resisten abandonar la sangre. (The most authentic thoughts are the ones which refuse to abandon the blood.)

El silencio es el rostro impenetrable del espejo. (Silence is the mirror's impenetrable face.)

Hay conversaciones donde la amistad nace en el aire que une nuestras voces. El aire es inmortal y somos breve respiro. (There are conversations where friendship is born in the air which joins our voices. The air is immortal and we are only a brief breath.)

La tarea imposible de la ola: romper el agua. (The wave's impossible task: to break the water.)

La música es la conciencia escondida del tiempo, un lenguaje invisible que habla directamente a nuestro corazón y abre nuestras mentes. (Music is the hidden conscience of time, an invisible language which speaks directly to the heart and opens our minds.)

El silencio y la distancia existen; el dolor nace cuando se unen en una ausencia. (Silence and distance exist; the pain arises when they unite in an absence.)

La eternidad está hecha del olvido; el tiempo está hecho de memoria. La vida está hecha de la llama que consume a los dos. (Eternity is made of forgetting; time is made of memory. Life is made from the flame which consumes them both.)

El erotismo es la prueba que la fantasía es un estilo de vida. (Eroticism is the proof that fantasy is a life style.)

Si el mundo fue creado por la percepción, el espejo es su punto de fuga. (If the world was created by perception, the mirror is its vanishing point.)

Amar: la luz que vence las distancias, para volver a sí misma. (Love: the light which conquers distances, to return to itself.)

¡Oh! Los amores imposibles, y la palabra, sí, aquella utopía de belleza siempre más allá de nuestro alcance, un lugar donde solo los sueños pueden ir (Oh! The impossible loves, and the word, yes, that utopia of beauty always beyond our reach, a place where only dreams can go.)

¿La luz entra en el espejo para esconderse o revelarse? (Does the light enter the mirror to hide or to be revealed?)

El primer beso era tan deseado y tan imaginado que siempre lo recordamos mejor de lo que era. (The first kiss was so desired and imagined that we always remember it better than it was.)

En su sed, el agua nos devuelve nuestro rostro. (In its thirst, water reflects our face.)

Un aforismo es una frase contundente que desafía la superstición de la coherencia. (An aphorism is a resounding phrase which defies the superstition of coherence.)

Concha: el dulce asombro de sujetar el susurro del mar en las manos. (Seashell: the sweet astonishment of holding the sea's whisper in our hands.)

¡En la pura inmediatez del corazón, cada latido es una carta al mundo! (In the pure immediacy of the heart, every heartbeat is a letter to the world!)

El espejo es un espejismo que no se desvanece. (The mirror is a mirage which does not vanish.)

El pasado no nos necesita. El pasado nos guía, es el futuro que necesita a nosotros. (The past does not need us. The past guides us; the future is what needs us.)

El espejo es una alquimia inventada para transformar la mirada. (The mirror is an invented alchemy to transform the gaze.)

La raíz de la escritura es palpar, sentir con todos los cinco sentidos. (The root of writing is to touch, to feel with all five senses.)

El horizonte es el lado secreto del corazón. (The horizon is the heart's secret side.)

El espejo es donde el tiempo se detiene para contemplarse. (The mirror is the place where time stops to contemplate itself.)

Un amigo es lluvia bendita; su presencia deja una huella en la sed del mundo. (A friend is blessed rain; their presence leaves a print in the world's thirst.)

Somos el recuerdo de lo que fuimos, el fugaz deseo de lo que anhelamos. (We are the memory of what we were, the brief desire of what we long for.)

Lo más eterno del espejo es su mirada sin fatiga. (Lo más eterno del espejo es su mirada sin fatiga.)

En el silencio del amor, nacen las mejores palabras. (In the silence of love, the best words are born.)

Milagro inesperado...la eclosión del huevo cuando el pájaro descubre lo que es su nido y lo que era su cascara. La bendición de encontrar espíritus afines. (Unexpected miracle... the hatching of the egg when the bird discovers what its nest is and what its shell was. The blessing of finding kindred spirits.)

El mar es un espejo que recibe la luz y la devuelve transformada al cielo. (The sea is a mirror which receives the light and returns it to the sky transformed.)

Un poema es un latido rescatado, elevado por la mano a la viva voz. (A poem is a rescued heartbeat, raised by the hand into a living voice.)

Una fotografía es un *tempus interruptus* de la realidad. (A photograph is a *moment interruptus* of reality.)

Leer aforismos es descubrir el noviazgo dentro la unión de las palabras. (To read aphorisms is to discover the courtship within the union of words.)

El espejo refleja nuestra cara con la claridad del agua. (The mirror reflects our face with the clarity of water.)

Escondido en el regalo es el deseo de dar uno mismo. (Hidden in the gift is the desire to give oneself.)

Soñamos más que vivimos; un hombre tuvo un sueño eterno de amor y se transformó en Dante. (We dream more than we live; a man had an eternal dream of love and became Dante.)

El espejo no siempre revela nuestras contradicciones. (The mirror does not always reveal our contradictions.)

Arrugas, los inviernos permanentes que se meten en nuestra piel. (Wrinkles, these permanent winters which get under our skin.)

El amor crea su propio signo secreto capaz de superar cualquier distancia. (Love creates its own secret sign able to overcome any distance.)

El olvido no es una opción en el amor. Recordar es abrazar la luz de una memoria con el corazón. (Forgetting is not an option in love. Remembering is to embrace the light of a memory with the light.)

Rezar es hablar con los dos lados de la vida. Escribir es entregarse al olvido con el abrazo frágil de la memoria y las palabras. (To pray is to speak with both sides of life. To write is to surrender to forgetting with the fragile embrace of memory and words.)

En sus miradas múltiples, un espejo roto refleja nuestras perplejidades. (In its multiple gazes, a broken mirror reflects our perplexities.)

La muerte de cada ser querido se convierte en un fragmento de la nuestra. (The death of every loved one becomes a fragment of our own death.)

El reto del amor es transformar el horizonte en un hogar. (The challenge of love is to transform the horizon into a home.)

El corazón espera aunque no sabe esperar. (The heart waits although it does not know how to wait.)

Un libro de aforismos es una cuerda floja de complicidad y complejidad en un laberinto de asombro y perplejidad. (A book of aphorisms is a tightrope of complicity and complexity in a labyrinth of amazement and perplexity.)

Existen idealismos que esconden un abismo metafísico. (There are idealisms which conceal a metaphysical abyss.)

Hay momentos que nos transforman en un espejo del humo, el agua quemada del alma. (There are moments which transform us into a mirror of smoke, the burned water of the soul.)

Lección de la musa: callar es una forma de amar. (The muse's lesson: silence is a way of loving.)

Meta-euforia: la metáfora que alcanza el éxtasis de la comparación. (Meta-euphoria: the metaphor which achieves the ecstasy of comparison.)

La seducción es una mirada que produce el vértigo de la lucidez antes de abrazar la locura. (Seduction is a gaze which produces the vertigo of lucidity just before embracing the madness.)

¿Somos un reflejo o un sueño en el espejo? (Are we a reflection or a dream in the mirror?)

¿Y si nuestros actos y nuestras palabras fueron nuestra sombra iluminada en el mundo, más allá de la memoria? (What if our actions and our words were our illumined shadow in the world, beyond memory?)

Cuando miramos en el espejo de la ausencia, nuestros ojos arden con otra espera. (When we look in the mirror of absence, our eyes burn with another wait.)

La muerte nos obliga a escuchar nuestro propio silencio. (Death obliges us to listen to our own silence.)

Amar es entrar en comunión con el ser querido; sin distancia ni ausencia, sin tiempo ni lugar. (To love is to enter into communion with the loved one; without distance or absence, without time or place.)

En el suave tacto de escribir a mano, cada palabra es una caricia. (In the soft touch of handwriting, each word is a caress.)

¿Revela el espejo la transparencia de la realidad o de la apariencia? (Does the mirror reveal the transparency of reality or appearance?)

Un libro de crítica es una boda de Canaán; revela los milagros del autor; la forma en que la luna llena se transforma en un centelleo de amor, la forma en que un beso se convierte repentinamente en vino en labios inesperados. (A book of criticism is a Canaan Wedding; it reveals the author's miracles; the way the full moon transforms into a twinkle of love, the way a kiss suddenly becomes wine on unexpected lips.)

En los espejos, nuestros secretos salen al encuentro. (In mirrors, our secrets meet.)

Más allá de la atracción física, la sexualidad busca establecer una conversación capaz de seducir a la mente. (Beyond physical attraction, sexuality aims to establish a conversation capable of seducing the mind.)

El amor no puede evitar mirar hacia el pasado; es su manera de celebrar lo que ha sido compartido. (Love cannot avoid looking at the past; this is its way of celebrating what has been shared.)

Erotismo: sembrar una idea en la piel y cosecharla con caricias. (Eroticism: plant an idea in the skin and harvest it with caresses.)

Los aforismos pretenden durar más allá de su brevedad infinita. (Aphorisms aim to endure beyond their infinite brevity.)

El mar es un espejo que se mueve entre la incertidumbre y el asombro. (The sea is a mirror which moves between uncertainty and astonishment)

Las palabras caídas en la página desean volar en tu mirada. (The fallen words on the page want to fly in your gaze.)

¿Habrá alguna vez un espejo capaz de reflejar la ausencia? (Will there ever be a mirror which is able to reflect absence?) La tristeza es el peso del tiempo que fluye en los ojos. (Sadness is the weight of time which flows in the eyes.)

Si amas en la soledad, nunca estás solo del todo. (If you love in solitude, you are never completely alone.)

Independientemente de cuánto tiempo envejezca la tristeza, el dolor insiste. (Regardless how much sadness ages, pain insists.)

El arte de elegir tiene su gemelo en el arte de esperar. (The art of choosing has its twin in the art of waiting.)

La Alhambra es una fortaleza y un jardín de la mirada. (The Alhambra is a fortress and a garden of the gaze.)

¿Que es la pasión sino el anhelo de lo infinito? (What is passion but the longing for the infinite?)

El espejo es el silencio impenetrable del rostro. (The mirror is the impenetrable silence of the face.)

El amor no sabe decir adiós, solo sabe transformarse en luz. (Love does not know how to say goodbye, it only knows how to transform itself into light.)

Sin tu mirada, el espejo está roto. (Without your gaze, the mirror is broken.)

¿En el espejo del lenguaje, las palabras son luces o sombras? (In the mirror of language, are words lights or shadows?)

Como los árboles, el amor nace en el lugar de su necesidad. (Like trees, love is born in the place of its necessity.)

Lo bueno del frío: apreciamos más las formas del calor. (The good thing about the cold: we appreciate the forms of warmth more.)

Como un tango sin tristeza, el fracaso de un romance deja algo incomprendido en el alma. (Like a tango without sadness, a failed romance leaves something misunderstood in the soul.)

Relación de pareja: la suerte de encontrar un malentendido común que funciona. (A couple's relationship: the luck of finding a common misunderstanding which works.)

Un aforista quiere conquistar con cada frase y rendirse en cada lectura. (An aphorist wants to conquer with every phrase and surrender in every reading.)

¿Qué es el deseo sino el hambre del tiempo? (What is desire but the hunger for time?)

¿Qué hace la luz en el espejo: hablar o callar? (What does the light do in the mirror: speak or be silent?)

La esencia de la sed casi se hace visible en la transparencia del agua. (The essence of thirst almost becomes visible in the transparency of water.)

El amor siempre es un quién. (Love is always a who.)

En la oscuridad, la ausencia no decepciona porque el sueño se acaba ocupando su lugar. (In the darkness, absence does not deceive, because sleep ends up taking its place.)

Cada fracaso amoroso deja un eclipse en el alma. (Every romantic failure leaves an eclipse in the soul.)

Un beso tiene un sentido mágico cuando no sabemos lo que va a despertar. (A kiss has a magic meaning when we do not know what it will awaken.)

Con su raíz de soledad compartida, la poesía es un generoso creador de encuentros. (With its roots of shared solitude, poetry is a generous creator of encounters.)

Después de una mirada de amor, es inevitable ver el mundo con otros ojos. (After a gaze of love, it is inevitable to see the world with new eyes.)

Hay libros que nos dejan con una embriaguez que dura toda la vida. (There are books which leave us with a drunkenness which lasts a lifetime.)

El don de la caricia es cuando toca lo inesperado. (The gift of a caress is when it touches the unexpected.)

Un aforismo es el placer de un encuentro inesperado, la palabra que llega al corazón. (An aphorism is the pleasure of an unexpected meeting, the word which reaches the heart.)

El momento es la impaciencia de la eternidad. (The moment is the impatience of eternity.)

El lujo de enamorarse es perder el control de las emociones; por desgracia, también es su peligro. (The luxury of falling in love is losing control of the emotions; unfortunately, this is also its danger.)

El anhelo es la urgencia de sentir nuestro corazón latir dentro de otro corazón ausente. (Longing is the urge to feel our heart beat inside another absent heart.)

Los secretos tienen sus propias órbitas de luz y eclipse. (Secrets have their own orbits of light and eclipse.)

Cuando es puro, el amor no tiene intenciones, sólo expresión. (When it is pure, love has no intentions, only expression.)

El olvido es el desalojo del lenguaje, el aire que escapa a todos los nombres. (Forgetting is the eviction of language, the air which escapes all names.)

Nadie puede oír el silencio del otro; solo podemos aspirar a compartirlo. (No one can hear another's silence; we can only hope to share it.)

Mientras estamos inmersos en su lectura, cada libro es una casa. (While we are immersed in reading, each book is a house.)

En el espejo, todas las caras son máscaras. (In the mirror, all faces are masks.)

En las cenizas de la sed, el agua llora. (In the ashes of thirst, the water weeps.)

La intensidad del deseo es el anhelo de su continuación. (The intensity of desire is the longing for its continuation.)

El amor es lo que nos abre hacia lo desconocido; el misterio nos abraza desde la vida misma. (Love is what opens us to the unknown; mystery is what embraces us from life itself.)

Hay preguntas que ardan toda la vida. Hay verdades que no duran un día. (There are questions which burn our whole lives. There are truths which do not last a single day.)

La lluvia es casi siempre un regalo; el agua que adorna el mundo con espejos inesperados. (The rain is almost always a gift; the water which adorns the world with unexpected mirrors.)

La tristeza es un laberinto de sal. (Sadness is a labyrinth of salt.)

El misterio de la vida es la epifanía que se abre entre el aliento y el latido; no espera milagros, vivir. (The mystery of life is the epiphany which opens between the breath and the heartbeat. Don't wait for miracles, live.)

El olvido es el espejo donde ardieron todos los rostros. (Forgetting is the mirror where all faces have burned.)

El instante de enamorarse desea ser tan largo como la vida misma. (The moment of falling in love desires to be as long as life itself.)

Un libro es una partitura cuya música despierta con cada lectura. (A book is a score whose music awakens with each reading.)

A veces, escribir es llorar con las manos. (Sometimes, writing is weeping with our hands.)

El amor es un conflicto interior perpetuo, sobre todo en su lucha para expresarse. (Love is a perpetual internal conflict, above all in its struggle to express itself.)

La raíz de la pasión es hacerte sentir el mismo aire que te hace vivir. (The root of passion is the make you feel the same air which makes you live!)

En las orillas del alma, nuestra sed busca la misma agua. (On the shores of the soul, our thirst seeks the same water.)

La complicidad secreta del espejo: ver es hablar. (The mirror's secret complicity: to see is to speak.)

Un romance es un mapa en blanco que hay que rellenar con las manos y los momentos. (A romance is a blank map which must be completed with the hands and moments.)

Lo bello es cuando el silencio habla en la mirada deseada. (Beauty is when silence speaks in the desired gaze.)

La conciencia es la voz de nuestros ancestros en el corazón. (Conscience is the voice of our ancestors in the heart.)

Los mejores aforismos tienen una brevedad interminable. (The best aphorisms have endless brevity.)

Sabes que la poesía es auténtica cuando tu propio corazón habla en la lectura. (You know that the poetry is authentic when your own heart speaks in the reading.)

Lo ideal del espejo: ver la luz nacer como el amor en otros ojos. (The ideal thing about the mirror: to watch the birth of light like love in other eyes.)

El símbolo del infinito (∞) es la unión secreta del eco y del espejo. (The symbol of the infinite (∞) is the secret union of the echo and the mirror).

¿Qué sería la luz sin la complicación de la sombra? (What would the light be without the complication of the shadow?)

Melancolía: los fuegos fríos de otoño que arden sin remedio en nuestros ojos. (Melancholy: the cold fires of autumn which hopelessly burn in our eyes.)

Amar es sentir la luz arder en el aliento. (To love is to feel the light burn in the breath.)

El sueño del espejo: reflejar tu voz. (The mirror's dream: to reflect your voice.)